ADHD DELL'ADULTO

GUIDA ALLA COMPRENSIONE E ALLA GESTIONE DELL'ADHD NEGLI ADULTI

AMANDA ALLAN

CONTENTS

INTRODUZIONE

In un mondo costruito per, da e intorno agli adulti neurotipici, le persone con disturbi del neurosviluppo spesso lottano per farcela. È sempre compito di chi è ai margini capire e inserirsi in un mondo che per loro ha poco senso.

La comunità scientifica e psichiatrica non comprende ancora molte delle complessità della salute mentale. Ad esempio, l'ADHD è stata riconosciuta come disturbo mentale solo negli anni '60. La ricerca sul disturbo ha fatto molta strada, ma molti ostacoli devono ancora essere superati. La ricerca su questo disturbo ha fatto molta strada, ma molti ostacoli devono ancora essere superati.

Negli Stati Uniti, al 4,4% degli adulti è stata diagnosticata l'ADHD. I genitori di un bambino con ADHD sostengono spese cinque volte maggiori rispetto ai genitori che non ne hanno. Oggi, circa il 35% degli adolescenti con ADHD abbandona la scuola perché fatica a gestirla. Allo stesso modo, circa il 51% degli adolescenti con ADHD si è auto-lesionato. Una donna su quattro con ADHD ha tentato il suicidio. Il 27% di tutti gli adolescenti degli Stati Uniti che presentano un disturbo da abuso di sostanze è affetto da ADHD. Il 41,3% dei casi di ADHD in età adulta è grave e, cosa sconvolgente, è stato dimostrato che i casi di ADHD grave riducono l'aspettativa di vita di 25 anni. Per milioni di persone, capire il proprio ADHD fa la differenza tra una vita piena e felice o una vita infelice, bloccata ai margini della società.

Questo libro ha lo scopo di aiutare il 4,4% degli adulti statunitensi che lottano contro l'ADHD. Vi fornirà informazioni sui sintomi dell'ADHD, sulle modalità di diagnosi quando vi recate da un medico, sul modo in cui l'ADHD dell'adulto può essere gestito e sulle strategie di auto-aiuto e alternative disponibili per la gestione dell'ADHD.

Questo non è solo il primo passo verso la comprensione dell'ADHD. È anche il primo passo per riconquistare la vostra vita, la vostra felicità, le vostre relazioni e il vostro successo. Questo libro cerca di rassicurarvi sul fatto che siete sulla strada giusta, fornendovi anche ricerche scientifiche sull'ADHD per aiutarvi a comprendere meglio i fatti di questo disturbo.

CAPITOLO 1: CHE COS'È L'ADHD DELL'ADULTO?

L'ADHD (Disturbo da Deficit di Attenzione/Iperattività) è un disturbo del neurosviluppo molto comune. In corso nel cervello, ma che si manifesta nel comportamento di una persona, l'ADHD causa disattenzione e/o iperattività-impulsività che interferiscono con il funzionamento o lo sviluppo.

Chi soffre di ADHD ha enormi difficoltà a concentrare l'attenzione anche per brevi periodi. Sebbene siate in grado di comprendere tutto ciò che accade intorno a voi, la vostra mente vaga continuamente, fuori dal vostro controllo. È impossibile essere persistenti nell'organizzare i propri pensieri. Il disturbo è caratterizzato anche da un'iperattività incontrollabile, in cui ci si muove, si parla, ci si agita o si picchietta continuamente. Con l'ADHD, il corpo preferisce qualsiasi tipo di movimento allo stare fermo. Essendo incontrollabile, si manifesta anche in momenti inopportuni. Questi movimenti incontrollabili molto spesso portano anche all'irrequietezza e, quindi, alla stanchezza fisica.

Inoltre, l'ADHD è caratterizzata dall'impulsività. L'impulsività, come suggerisce il nome, fa sì che si prendano decisioni e azioni affrettate senza pensarci prima. Questo spesso porta a danni. Il disturbo provoca spesso un desiderio di gratificazione istantanea che può essere pericoloso per l'individuo. Ad esempio, l'impulsività può portare una persona con ADHD a dire di sì al trasporto del bagaglio a mano di un'altra persona in aeroporto, senza fermarsi a pensare al motivo per cui un'altra persona potrebbe chiederle di svolgere un compito così strano.

I sintomi dell'ADHD iniziano nella prima infanzia e proseguono con la crescita del bambino fino all'età adulta. Purtroppo, è ancora tipico che ai soggetti non venga diagnosticata l'ADHD fino all'età adulta. L'ADHD dell'adulto non è molto diverso da quello dell'infanzia. Il trattamento è simile (vedi Capitolo 4), così come i sintomi. Allo stesso modo, l'ADHD è più difficile da riconoscere negli adulti che nei bambini, perché i sintomi diventano meno evidenti. Di solito si manifesta con una diminuzione dell'iperattività, ma con problemi permanenti di attenzione, impulsività e irrequietezza. La gravità di questi sintomi dipende dall'individuo: alcuni adulti non hanno più problemi con uno o più sintomi. Poiché alcuni adulti lo superano, esiste una notevole difficoltà nel riconoscere e diagnosticare il disturbo negli adulti, rispetto ai bambini.

Gli adulti con ADHD possono anche avere difficoltà a dare priorità al proprio tempo e alle proprie responsabilità. Questo può portare a dimenticare importanti impegni sociali e riunioni di lavoro o addirittura a saltarli del tutto. Un adulto con ADHD può incontrare notevoli difficoltà sul lavoro nel rispettare le scadenze a causa di questa incapacità di concentrarsi e stabilire le priorità. Se si è affetti da ADHD adulti, si possono avvertire impulsi incontrollabili, che portano a prendere decisioni affrettate per impazienza e a soffrire di scatti d'ira, frustrazione e sbalzi d'umore. Come conseguenza, questo si ripercuote spesso sulle vostre relazioni personali e professionali in modo piuttosto dannoso, soprattutto se non avete una diagnosi o se le persone che vi circondano si rifiutano di prendere sul serio la vostra diagnosi.

Gli adulti che non ricevono una diagnosi avranno notevoli difficoltà a svolgere le attività quotidiane. Potrebbero non capire cosa c'è che non va o, addirittura, che c'è un disturbo cerebrale che causa le loro difficoltà. L'ADHD comporta comunemente problemi di salute mentale, soprattutto nei pazienti con sintomi gravi. Questo è particolarmente vero per gli adulti che non ricevono una diagnosi. Possono avere la sensazione che ci sia qualcosa di sbagliato in loro perché, nonostante i loro sforzi, incontrano notevoli problemi nell'apparire "normali" agli altri. Il biasimo e la vergogna che ne derivano possono anche portare a significativi problemi di salute mentale.

L'ADHD negli adulti è ancora un disturbo del neurosviluppo ampiamente studiato. La ricerca contemporanea sta ancora scoprendo nuovi legami tra il disturbo da deficit di attenzione/iperattività e i traumi, la razza, la disregolazione emotiva e la disforia sensibile al rifiuto. Le scoperte scientifiche stanno anche promuovendo nuovi trattamenti innovativi per il disturbo, che vanno dai farmaci ai videogiochi.

Cause dell'ADHD

Esistono alcune cause e fattori di rischio riconosciuti per l'ADHD. Gli scienziati continuano a studiare queste cause per comprendere meglio il disturbo. Grazie alla comprensione dei fattori di rischio e delle cause, gli scienziati possono sviluppare trattamenti e strategie di gestione migliori per il disturbo. Questa ricerca consentirà inoltre agli scienziati di capire come ridurre le probabilità che una persona abbia l'ADHD dell'adulto.

Attualmente, le cause esatte e i fattori di rischio dell'ADHD rimangono sconosciuti, ma la ricerca attuale ha presentato un chiaro legame tra la genetica e lo sviluppo dell'ADHD. Il National Human Genome Research Institute ha esplorato i fattori genetici che contribuiscono all'ADHD. Secondo l'istituto, l'ADHD sembra essere presente nelle famiglie e gli studi suggeriscono l'esistenza di una componente genetica del disturbo.

Questa ipotesi si è rivelata corretta nel 2019, quando gli scienziati hanno scoperto il primo loci di rischio significativo a livello genomico per il disturbo da deficit di attenzione/iperattività. Si è trattato di uno dei più grandi studi sull'ADHD intrapresi a livello genetico, con oltre 55.000 partecipanti provenienti da tutto il mondo. Lo studio ha permesso di circoscrivere centinaia di migliaia di geni umani a pochi geni che possono causare l'ADHD, tra cui DUSP6 e SEMA6D. Il dottor Anders Børglum, che ha lavorato allo studio, ha dichiarato:

"Queste nuove scoperte genetiche forniscono finestre completamente nuove per comprendere la biologia alla base dello sviluppo dell'ADHD. Ad esempio, alcuni dei geni implicati influenzano il modo in cui le cellule cerebrali comunicano tra loro, mentre altri sono importanti per le funzioni cognitive come il linguaggio e l'apprendimento. Le varianti di rischio in genere regolano la quantità di espressione di un gene e i nostri risultati dimostrano che i geni interessati sono espressi principalmente nel cervello".

Questa ricerca ha rappresentato una svolta nella comprensione scientifica dell'ADHD, perché ha permesso di individuare le cause genetiche del disturbo. Gli scienziati che hanno partecipato allo studio erano entusiasti del fatto che la ricerca sull'ADHD potesse mettersi al passo con quella su altri disturbi mentali, come la depressione e la schizofrenia. Questa nuova ricerca è un passo avanti per consentire agli scienziati di prevedere le probabilità che una coppia abbia un bambino con ADHD.

Oltre alle cause genetiche, ci sono altre cause che la comunità medica ritiene siano all'origine dell'ADHD. Esse sono:

- Bere alcolici e fumare durante la gravidanza.

- Lesioni cerebrali, ad esempio negli sport di contatto come il calcio.

- Esposizione a fattori di rischio ambientali come il piombo o l'amianto durante la gravidanza o in giovane età.

- Basso peso alla nascita.

- Parto prematuro.

I miti sulle cause dell'ADHD, come il consumo eccessivo di zuccheri, le vaccinazioni, il guardare troppa televisione, i problemi familiari o altre questioni sociali, come la povertà, sono solo miti. Non ci sono informazioni scientifiche che indichino che questi fattori di rischio siano validi, anche se possono esacerbare le cause dell'ADHD. A differenza di disturbi come la depressione, l'ADHD non è scatenata da sbalzi d'umore o disturbi dell'umore dovuti a problemi sociali o familiari.

Tipi di ADHD

Secondo l'American Psychiatric Association, esistono tre diverse forme di ADHD: tipo disattento, tipo iperattivo/impulsivo o tipo combinato. Di solito lo psichiatra diagnostica il tipo di ADHD in base ai sintomi riscontrati negli ultimi sei mesi.

Riassunto del capitolo

- L'ADHD è considerato un disturbo del neurosviluppo.

- L'ADHD causa disattenzione e/o iperattività-impulsività che interferiscono con il funzionamento o lo sviluppo.

- L'ADHD rende estremamente difficile concentrare l'attenzione anche per brevi periodi, causando difficoltà e sfide nella vita normale.

- L'impulsività dovuta all'ADHD fa sì che si prendano decisioni e azioni affrettate senza pensarci prima.

- I sintomi dell'ADHD iniziano nella prima infanzia e proseguono con la crescita fino all'età adulta. Talvolta i bambini con ADHD superano il disturbo.

- Le cause e i fattori di rischio dell'ADHD rimangono in gran parte sconosciuti, ma recentemente gli scienziati hanno trovato alcuni geni che sembrano causare l'ADHD.

CAPITOLO 2: I SINTOMI DELL'ADHD DELL'ADULTO

Individuare i sintomi dell'ADHD negli adulti è più difficile che nei bambini, perché è facile attribuire la colpa di questi sintomi a mancanze personali.

"La mia incapacità di rimanere concentrata sul presente fa sì che gli altri pensino che non mi interessi. Mi annoio rapidamente e facilmente, quindi faccio fatica ad ascoltare gli altri. Inoltre, mi sento molto a disagio nelle attività di gruppo in cui è richiesta l'interazione sociale, perché preferisco non essere notato. Ho sempre paura di dire la cosa sbagliata. A volte mi dimentico persino di salutare e gli altri mi accusano di essere maleducato".

Nell'esempio sopra riportato, è molto facile confondere la persona con il suo egocentrismo e la sua maleducazione, ma la difficoltà a mantenere le relazioni è un sintomo comune dell'ADHD dell'adulto.

Inoltre, è importante notare che anche in presenza di ADHD possono essere diagnosticate altre condizioni psicologiche, come depressione, ansia e disturbo bipolare.

Eppure, c'è un altro modo di vedere l'ADHD. Mentre è comune che le persone con ADHD vengano guardate dall'alto in basso, come emarginati e delusi che non riescono a inserirsi nel mondo neurotipico, c'è un altro aspetto dell'ADHD che raramente viene celebrato. I sintomi dell'ADHD, anche nel mondo scientifico e psichiatrico, sono spesso formulati come se non fossero altro che problemi.

Per esempio, se si è affetti da ADHD con presentazione disattenta, uno dei sintomi più comuni viene definito "incapacità di rimanere concentrati su compiti importanti". Ciò che la formulazione di questi sintomi rifiuta di prendere in considerazione è che l'ADHD è un fattore negativo solo nel nostro mondo attuale, dove il posto di lavoro è progettato per persone neurotipiche. In molti ambiti, i sintomi associati all'ADHD possono in realtà essere utili!

In questo senso, l'ADHD si differenzia da molti altri disturbi mentali. Non esiste un mondo in cui i sintomi della depressione o dell'ansia costante siano una buona cosa. Tuttavia, il nostro mondo neurotipico è costruito su obiettivi a lungo termine, ordinati e burocratici. Pertanto, l'ADHD è considerato un *disturbo*.

L'attenzione a breve termine e concomitante dell'ADHD consente di essere un grande risolutore di problemi. La mente passa a zig-zag da un problema all'altro, da un'attenzione all'altra. Tuttavia, questo permette al vostro cervello di sviluppare schemi di pensiero in grado di risolvere rapidamente i problemi. Lo stesso modo in cui saltate da un'attenzione all'altra, da un compito all'altro, da una conversazione all'altra, è lo stesso modo in cui saltate da una soluzione all'altra. Mentre alcuni problemi richiedono una riflessione a lungo termine e soluzioni a lungo termine, altri richiedono una riflessione a breve termine. Alcune decisioni necessitano di una risposta immediata, il che richiede un cervello e un sistema nervoso in grado di risolvere i problemi in tempo reale.

Le persone con ADHD possono essere molto simpatiche e dotate di senso dell'umorismo. Una volta affrontato un problema, tornate ad occuparvene finché non lo padroneggiate. L'ossessione di dominare ogni nuova sfida porta a soluzioni innovative ai problemi. In un mondo neurotipico di regole e convenzioni, la mente ADHD è una risorsa illimitata di innovazioni che rompono definitivamente l'ordine e le convenzioni. Mentre esaminate i sintomi riportati di seguito, ricordate che, anche se non siete bravi a sostenere un esame di tre ore o a concentrarvi a lungo su ciò che dicono le persone, questo non significa che abbiate qualcosa di "sbagliato". Significa semplicemente che siete una persona neurodiversa che vive in un mondo neurotipico.

Pensate a questo: siete un gatto che vive in un mondo costruito da, per e intorno ai cani. O, per essere più scientifici, il vostro mondo è curvilineo, ma ci si aspetta che vi adattiate a un mondo lineare. Nel vostro mondo, il passato, il presente e il futuro non sono mai separati, non sono distinti. Vivete solo nel presente. In effetti, per voi è quasi impossibile imparare dall'esperienza o guardare al futuro per vedere le conseguenze inevitabili delle vostre azioni. Questo è diverso da un mondo neurotipico in cui tutto è tipicamente diviso in un inizio, una parte centrale e una fine. In un cervello ADHD non esistono inizio, metà e fine. Tutto scorre su un continuum, rendendovi incapaci di trovare l'inizio o anche solo di fissare un punto nel tempo. Probabilmente si salta semplicemente nel mezzo e si lavora in tutte le direzioni contemporaneamente.

Nella sezione seguente troverete un elenco dei diversi segni e sintomi dell'ADHD. Sebbene possiate riconoscere molti dei sintomi in voi stessi, è importante non fare mai un'autodiagnosi. Se si ritiene di essere affetti da ADHD, è importante consultare un medico per ricevere una diagnosi ufficiale, soprattutto prima di iniziare un piano di trattamento.

Sintomi dell'ADHD a presentazione prevalentemente disattentiva

Si può essere affetti da ADHD a presentazione prevalentemente disattentiva se:

- Vi distraete facilmente.

- È difficile prestare attenzione ai dettagli. Ad esempio, è impossibile prestare attenzione durante le lunghe riunioni di lavoro.

- Commettete errori di disattenzione nello svolgimento dei compiti, ad esempio, se siete studenti all'università, potreste prendere sempre voti bassi perché commettete errori di disattenzione agli esami. Questo perché non siete bravi a ordinare, cioè a pianificare e svolgere parti di un compito in modo ordinato.

- Si evitano (e probabilmente non si amano) i compiti che richiedono uno sforzo mentale prolungato. Questo può diventare un ostacolo nella vita. Ad esempio, potreste avere difficoltà a intraprendere certe carriere che richiedono uno sforzo mentale prolungato, come l'ingegneria o il giornalismo. La preparazione di relazioni, la compilazione di moduli e anche cose più semplici come seguire una lunga ricetta possono rappresentare una sfida per voi.

- Avete problemi a rimanere concentrati su compiti o attività e vi è impossibile seguire lunghe conversazioni. Sembra addirittura che non ascoltiate quando qualcuno vi parla, come se la vostra mente fosse altrove.

- Non seguite le istruzioni, indipendentemente da chi ve le dà. Siete troppo distratti e potreste dimenticare. Oppure può richiedere una concentrazione prolungata, che non riuscite a dare, per quanto vi sforziate. Di conseguenza, è probabile che non riusciate a portare a termine i compiti scolastici, le faccende domestiche o il lavoro. Può anche capitare di iniziare un compito, ma di perdere rapidamente la concentrazione.

- Avete problemi a organizzare i compiti e il lavoro che dovete svolgere. Le capacità organizzative sono inesistenti perché il vostro cervello non è in grado di elaborare concetti come linearità e tempo lineare. Avete scarse capacità di gestione del tempo; siete disordinati e disorganizzati, anche durante i compiti più importanti, e non rispettate le scadenze più importanti. Allo stesso modo, molto spesso si perdono gli oggetti necessari per svolgere le attività della vita quotidiana. Perdete spesso oggetti come chiavi, libri, occhiali, cellulare, medicine, documenti di identità e altro ancora.

- Si dimentica di fare o completare le attività quotidiane. Le faccende si accumulano e la vostra vita è frenata perché dimenticate di fare le commissioni. Ad esempio, non si rispettano gli appuntamenti importanti e si dimentica di fare la spesa anche quando non c'è cibo in casa.

Sintomi dell'ADHD a presentazione prevalentemente iperattiva-impulsiva

Si può avere un'ADHD a presentazione prevalentemente iperattiva-impulsiva se:

- Non è possibile giocare, lavorare o svolgere qualsiasi attività in modo tranquillo. Come suggerisce il nome, l'ADHD iperattivo-impulsivo rende iperattivi, tanto da non riuscire a stare fermi. Allo stesso modo, si può giocherellare con gli oggetti o battere continuamente le mani o i piedi, contorcersi sulla sedia, battere la penna o compiere qualsiasi altra azione che permetta di liberare l'energia iperattiva.

- Non si può rimanere seduti in un posto nemmeno per brevi periodi. Bisogna sempre essere in movimento.

- Avete difficoltà ad aspettare il vostro turno. Può capitare di saltare la fila in un caffè o di sentirsi frustrati quando gli altri davanti a voi in una coda vengono accolti per primi.

- Correte o vi arrampicate sugli oggetti anche nei momenti più inopportuni.

- Siete sempre "in movimento", come se foste spinti da un motore. Questo include il parlare continuo, dove sembra che non ci si fermi mai per fare una pausa.

- Si risponde a raffica anche prima di aver terminato una domanda. Per esempio, può capitare di finire le frasi degli altri o di prendere il sopravvento nelle conversazioni, senza lasciare parlare l'interlocutore.

- Interrompete o vi intromettete negli altri. Vi intromettete in conversazioni che non vi coinvolgono, cercate di inserirvi con la forza nelle attività degli altri e usate le cose senza il loro permesso. Spesso ci si appropria di ciò che gli altri stanno facendo.

Tipo combinato ADHD

Avere un ADHD di tipo combinato non significa che il vostro ADHD sia più grave rispetto all'ADHD prevalentemente iperattivo o all'ADHD prevalentemente disattento. Significa semplicemente che i vostri sintomi sono in qualche modo equamente distribuiti tra le due diverse tipologie sopra elencate. Se si riscontra una serie di sintomi appartenenti a entrambi gli elenchi sopra citati, è possibile che questo sia il vostro caso.

Altri sintomi comuni dell'ADHD

- Potreste scoprire di avere una bassa tolleranza alle esperienze sensoriali esterne, il che si chiama iperacusia. Il modo in cui funziona il cervello fa sì che i sensi siano iperacusici. Per esempio, potreste essere costretti a lasciare la stanza anche al minimo odore, oppure essere attenti anche ai suoni più piccoli e flebili. Allo stesso modo, i pensieri sono sempre ad alto volume e il sistema nervoso viene sopraffatto dalle esperienze quotidiane.

- Non si possono escludere gli input sensoriali. Una persona neurodivergente può guardare un oggetto, ma non essere concentrata su di esso, o sentire ciò che una persona dice senza ascoltarla davvero.

- L'umore e i livelli di energia oscillano da annoiati, disimpegnati o intrappolati da un compito a iper-focalizzati, energici e quasi ossessionati da un compito. Quando siete disimpegnati, vi sentite letargici, altamente insoddisfatti, irritabili e litigiosi. Quando siete super-focalizzati, siete interessati, stimolati e felici di iniziare e portare avanti i progetti. Quando si è interessati, si può produrre un lavoro di alta qualità in poco tempo.

- Il vostro sistema nervoso sembra non riposare mai. Cercate sempre qualcosa di interessante e stimolante da fare. Contrariamente al nome "deficit di attenzione", la vostra attenzione non è deficitaria (lo diventa solo quando vi annoiate). Di solito la vostra attenzione è sempre "alta". Siete costantemente occupati dai vostri pensieri, che sembrano andare a un ritmo di cento miglia al minuto. In genere si hanno nel cervello una manciata di pensieri diversi alla volta. Di conseguenza, non riuscite a dedicare tutta la vostra attenzione a una sola cosa, a meno che non siate iperfocalizzati. (L'iperfocalizzazione sarà discussa più avanti).

Perché i sintomi sono importanti

I sintomi dell'ADHD sono importanti per la diagnosi medica del disturbo. Riconoscere i sintomi dell'ADHD è utile anche per la propria salute mentale. Convalida la vostra esperienza e vi aiuta a sentirvi meno isolati dagli altri. Quando si sa come si manifesta l'ADHD, è possibile gestirlo meglio.

Quando si soffre di ADHD, può sembrare di non avere tutte le risorse necessarie per sopravvivere nel mondo. Cose che alla maggior parte delle persone sembrano banali mettono il vostro mondo sottosopra in modi che la gente, di conseguenza, non capisce. Non solo vi sentite alienati per le difficoltà che incontrate nel tentativo di vivere in un mondo neurotipico, ma siete anche ulteriormente isolati dal mondo quando le persone interpretano male le vostre azioni, banalizzandole come maleducate, sprovvedute, ignoranti, arroganti, esigenti, irritabili e strane.

Forse avete cercato di "adattarvi" e avete fallito miseramente. Ciò che per voi è normale non lo è per gli altri e spesso venite additati come "diversi".

Fortunatamente, non potete fuggire dai vostri sintomi. Dico fortunatamente perché siete perfettamente normali così come siete. Non è necessario essere neurotipici per essere "normali". Avete semplicemente bisogno di capire meglio voi stessi per imparare a funzionare al meglio nel mondo attuale. Capire se stessi vi aiuterà anche a capire come utilizzare al meglio i vantaggi dell'ADHD e come minimizzare i problemi che l'ADHD può comportare. Senza una piena conoscenza dei sintomi dell'ADHD, potreste iniziare a utilizzare tecniche disadattive per prosperare.

Riassunto del capitolo

- Individuare i sintomi dell'ADHD negli adulti è più difficile che individuarli nei bambini.

- Se si soffre di ADHD si possono diagnosticare altre condizioni psicologiche.

- Le persone con ADHD possono essere molto simpatiche e con un grande senso dell'umorismo.

- Le persone con ADHD spesso trovano soluzioni innovative ai problemi.

- È importante non fare mai autodiagnosi. Se ritenete di avere l'ADHD, chiedete una diagnosi a un medico professionista.

CAPITOLO 3: COME VIENE DIAGNOSTICATO L'ADHD NEGLI ADULTI

La diagnosi di ADHD è molto importante per la vostra felicità a lungo termine. Se non viene diagnosticato o trattato, l'ADHD dell'adulto è spesso accompagnato da comorbilità, come ansia, PTSD, depressione e disturbi alimentari.

L'ADHD non può essere diagnosticata con un test di laboratorio. Non esiste un singolo test per l'ADHD. Un professionista qualificato effettua la diagnosi raccogliendo informazioni sul vostro comportamento, sui vostri processi di pensiero e sulle difficoltà che incontrate nella vita quotidiana. Una valutazione completa di solito comprende un esame dei sintomi passati e attuali e l'uso di scale di valutazione per adulti o liste di controllo. Compilate una lista di controllo e sottoponetevi a una valutazione medica (compreso uno screening della vista e dell'udito) per assicurarvi che i sintomi non siano dovuti ad altri problemi medici. Il medico dovrà raccogliere informazioni dal paziente, come i problemi medici attuali, la storia medica personale e familiare e la storia dei sintomi, a partire dall'inizio dei sintomi nell'infanzia.

La diagnosi di ADHD negli adulti può essere complessa perché molti adulti non diagnosticati hanno imparato a nascondere o a mascherare molti dei loro sintomi nel corso degli anni. Anche alcune condizioni e trattamenti medici possono imitare i segni e i sintomi dell'ADHD. Ad esempio, l'uso e l'abuso di droghe, come l'abuso di alcol e l'uso di farmaci diagnosticati dal medico, possono causare sintomi simili. Allo stesso modo, anche i disturbi mentali, come la depressione, i disturbi psichiatrici e l'ansia, possono imitare i sintomi dell'ADHD, così come altri problemi medici che influenzano il pensiero e il comportamento. Se si soffre di disturbi del sonno e problemi cerebrali, ipoglicemia (basso livello di zuccheri nel sangue) e altri disturbi dello sviluppo, è possibile confondere i loro sintomi con quelli dell'ADHD.

Imparare la propria storia personale

Il medico vi farà molte domande sulla vostra infanzia. L'ADHD inizia nell'infanzia, quindi il medico dovrà scoprire i sintomi della vostra infanzia. Avrà bisogno di sapere cose come

- Si è messo spesso nei guai a scuola?

- Siete stati disorganizzati durante la vostra infanzia?

- Ha avuto voti bassi o buoni a scuola?

- Siete stati chiamati con parole come: "pigro", "disordinato" o "sbadato"?

- Si è sentito incompreso a scuola e isolato a scuola o a casa?

Quando vi recate alla visita diagnostica, potreste portare con voi le pagelle e altri documenti relativi al periodo scolastico, se li avete ancora o riuscite a trovarli. Nelle pagelle non ci sono solo i voti, ma anche i commenti degli insegnanti sulla vostra personalità, sul vostro carattere e sul vostro comportamento, che possono indicare i sintomi dell'ADHD. Dovreste anche portare con voi le vostre cartelle cliniche. Se i vostri genitori o tutori vi hanno portato da un medico durante l'infanzia, anche queste cartelle possono indicare i sintomi dell'ADHD, anche se all'epoca la diagnosi era sbagliata.

Il professionista che vi valuta può anche chiedervi di contattare un genitore, un tutore, un ex preside, uno psichiatra infantile o chiunque altro possa condividere informazioni sulla vostra infanzia. Potreste sentirvi in ansia se non riuscite a ricordare alcune esperienze dell'infanzia. Si tratta di una situazione comune, quindi non preoccupatevi. Il professionista non vi diagnosticherà l'ADHD se non avete manifestato i sintomi del disturbo prima dei dodici anni. È difficile ricordare gli eventi accaduti prima dei dodici anni, quindi è molto importante il feedback degli adulti che vi circondavano all'epoca. Alcuni sintomi possono essere cambiati con la maturità, ma questo non significa che non siate più affetti da ADHD.

Valutare i propri sintomi/comportamento oggi

L'anamnesi dell'infanzia sarà seguita da una valutazione dei sintomi attuali, comprese le difficoltà o i problemi che avete avuto da adulti a causa di questi sintomi. Il medico vi porrà probabilmente una versione delle seguenti domande:

- Vi sentite incompresi al lavoro e isolati dai vostri cari e dai colleghi?

- Vi capita spesso di dimenticare di pagare le bollette o di partecipare ad appuntamenti e riunioni importanti?

- Avete difficoltà a concentrarvi o a completare gli studi universitari o le attività lavorative?

- Dovete affrontare notevoli difficoltà nelle vostre relazioni?

Per diagnosticare l'ADHD, un professionista deve stabilire che i sintomi riscontrati causano difficoltà profonde. Se i sintomi dell'ADHD sono molteplici, ma non causano alcuna difficoltà, non vi verrà diagnosticata l'ADHD. Pertanto, questa fase della diagnosi è molto importante.

Dovete condividere tutto con il professionista. Siate onesti, anche se vi sentite imbarazzati o ritenete che non sia rilevante. Molto probabilmente il professionista chiederà ad altre persone della vostra vita di compilare un questionario sul vostro comportamento e sul vostro carattere. Per quanto possiamo essere bravi a riflettere su noi stessi, tutti abbiamo dei punti ciechi nel nostro carattere. Le persone vicine vedranno sintomi e problemi comportamentali che potrebbero sfuggirvi. Essi portano un punto di vista diverso sulle esperienze che aiuterà il professionista a dipingere un quadro completo dei vostri sintomi. Ad esempio, potreste pensare di aver imparato l'arte della conversazione amichevole, ma un amico potrebbe pensare che vi annoiate molto quando gli altri vi parlano di un argomento che non vi interessa.

Inoltre, una procedura diagnostica dell'ADHD di solito prevede una o più scale di valutazione del comportamento. In genere, una scala di valutazione contiene da 20 a 90 domande che valutano la frequenza dei comportamenti correlati all'ADHD. Le domande sono sempre formulate sulla base della definizione di ADHD del Manuale diagnostico e statistico dei disturbi mentali (DSM-5).

Potrebbe esservi chiesto di compilare la scala prima della valutazione o di completarla durante l'appuntamento. Queste scale non forniscono da sole una diagnosi completa, né una prova medica oggettiva sufficiente. Indipendentemente dalla scala di valutazione utilizzata, essa sarà sempre soggettiva. Sono comunque molto utili perché aiutano a delineare un quadro più chiaro dei sintomi.

Esistono quattro tipi di scale utilizzate per diagnosticare l'ADHD negli adulti:

- Scala ADHD Self-Report per adulti (ASRS v1.1).

- Scala diagnostica clinica per l'ADHD dell'adulto (ACDS) v1.2.

- Brown Attention-Deficit Disorder Symptom Assessment Scale

(BADDS) per adulti.

- ADHD Rating Scale-IV (ADHD-RS-IV).

Nonostante le diverse scale di valutazione, tutte richiedono di rispondere a domande su comportamenti quali:

- Le vostre esperienze di contorcimento.

- Le vostre esperienze di difficoltà di concentrazione, organizzazione e attenzione.

- Le vostre esperienze con il fidgeting.

- Difficoltà a seguire le istruzioni o i compiti.

- Eventuali difficoltà nell'essere pazienti.

- Difficoltà a rimanere fermi.

- Eventuali difficoltà nel non poter aspettare il proprio turno.

- Eventuali difficoltà a interrompere gli altri.

- Difficoltà a ricordare appuntamenti o obblighi.

Controllo di altre condizioni di salute mentale

Alcuni medici vorranno anche sottoporvi a test per verificare la presenza di altre condizioni di salute mentale. Per esempio, potreste aver bisogno di un test cognitivo che identifichi le disabilità di apprendimento o intellettuali che causano difficoltà all'università o al lavoro. Un test per la salute mentale verificherà anche la presenza di disturbi della personalità o dell'umore. Alcuni di questi disturbi della personalità imitano i sintomi dell'ADHD. Questi test sono una garanzia per assicurarsi che i sintomi non siano causati da altri disturbi mentali o della personalità, rendendo la diagnosi di ADHD accurata.

L'ADHD non causa altri problemi psicologici o di sviluppo. Tuttavia, spesso si presentano altri disturbi una volta che si è affetti da ADHD, complicando ulteriormente il trattamento del disturbo. In genere si tratta di:

Disturbi d'ansia

I disturbi d'ansia sono piuttosto comuni negli adulti con ADHD. I disturbi d'ansia sono caratterizzati da ansia intensa, preoccupazione e nervosismo per una moltitudine di cose, tra cui la salute personale, il lavoro, le interazioni sociali e le circostanze della vita quotidiana. Quando si soffre di ADHD, l'ansia può essere aggravata dalle sfide e dalle difficoltà causate dall'ADHD.

Disturbi dell'umore

La depressione, il disturbo bipolare o un altro disturbo dell'umore sono molto comuni tra le persone con ADHD. I disturbi dell'umore non sono direttamente causati dall'ADHD. Tuttavia, possono essere aggravati dai sintomi dell'ADHD, tra cui i ripetuti fallimenti e le frustrazioni, le incomprensioni che gli altri hanno nei confronti dei vostri sintomi e l'incapacità di entrare in contatto emotivo con le altre persone.

Altri disturbi psichiatrici

Gli adulti con ADHD hanno una maggiore probabilità di sviluppare altri disturbi psichiatrici, come i disturbi da uso di sostanze, i disturbi di personalità e il disturbo esplosivo intermittente.

Disabilità di apprendimento

Come discusso in un capitolo precedente, gli adulti con ADHD di solito ottengono risultati negativi nei test accademici, con punteggi inferiori a quelli di persone di pari intelligenza, istruzione ed età. Le difficoltà di apprendimento sono spesso caratterizzate da problemi di comprensione e comunicazione.

Trovare un professionista per la diagnosi dell'ADHD

Trovare un professionista della salute mentale o un medico che vi diagnostichi l'ADHD può essere una sfida, ma non siate ansiosi. I seguenti suggerimenti vi aiuteranno a trovare un professionista senza problemi:

- Prenotate un appuntamento con il vostro medico di base per ottenere alcune raccomandazioni.

- Parlate con il vostro terapeuta (se ne avete uno) di raccomandazioni professionali.

- Utilizzate Internet per cercare i professionisti nella vostra zona o regione. Cercate di trovare recensioni di questi professionisti o chiedete in giro per sentire le recensioni del passaparola.

- Cercate chi (e quali servizi) copre la vostra assicurazione.

- Non abbiate paura di fare domande. Allo stesso modo, non abbiate paura di provare diversi professionisti finché non trovate qualcuno con cui vi sentite a vostro agio.

Riassunto del capitolo

- Se non viene diagnosticata o trattata, l'ADHD dell'adulto è spesso accompagnata da comorbilità, come ansia, PTSD, depressione e disturbi alimentari.

- Non esiste un unico test per l'ADHD. Per ottenere una diagnosi accurata di ADHD è necessario sottoporsi ad alcuni test.

- Per diagnosticare l'ADHD, il medico potrebbe dover interrogare i membri della sua famiglia e le precedenti figure di riferimento.

CAPITOLO 4: COME VIENE GENERALMENTE TRATTATO L'ADHD DELL'ADULTO

Dopo la diagnosi di ADHD, il passo successivo per la sua gestione è la ricerca di un trattamento. Il trattamento vi aiuterà enormemente. La diagnosi è spesso il punto di svolta per chi soffre di ADHD in età adulta. Molte persone affette da ADHD in età adulta riferiscono spesso che questa è la prima volta che si sentono "normali" nella loro vita dopo anni in cui hanno affrontato il dolore in modo paralizzante, a volte con strategie disadattive come l'abuso di droghe.

Pertanto, una volta eliminate la vergogna e l'incertezza con la diagnosi, il passo successivo verso la guarigione è il trattamento. Il trattamento vi aiuterà a fermare i sintomi dannosi, come l'incapacità di concentrarvi su un progetto che non vi interessa, e a migliorare i sintomi benefici, come la capacità di iperfocalizzarvi su un progetto che vi interessa.

Molte persone a cui è stato diagnosticato l'ADHD adulto dicono la stessa cosa: il trattamento li ha aiutati a liberarsi di tutte le tensioni, i dolori e le incomprensioni dei decenni precedenti. In cambio, hanno potuto acquisire maggiore felicità e soddisfazione per ciò che sono.

Il trattamento per l'ADHD può essere farmacologico, terapeutico o una combinazione di entrambi. Il tipo di trattamento che fa al caso vostro dipenderà dal fatto che siate affetti da ADHD lieve o grave, dal tipo di ADHD che avete e dal tipo di sintomi che presentate. Sia che vi vengano prescritti farmaci o metodi terapeutici, è importante notare che il trattamento non è una cura, ma uno strumento all'interno di una cassetta degli attrezzi specializzata per costruire una vita a misura di ADHD. Ogni forma di trattamento è un tipo diverso di strumento per costruire una vita specifica per voi.

In genere, tuttavia, il medico o lo psichiatra prescrive uno o più di questi trattamenti:

Farmaci

Per un certo periodo, Ritalin e Adderall sono stati i farmaci più popolari associati all'ADHD. Questi farmaci erano così popolari che si è diffusa la convinzione che fossero gli unici trattamenti disponibili per l'ADHD (in passato noto come ADD). Questo, ovviamente, non è vero. I farmaci non funzionano per tutti. Quando hanno successo, non sono efficaci per tutti i sintomi dell'ADHD. Ricordate che i farmaci sono solo una delle tante terapie sicure ed efficaci, che costituiscono gli strumenti della vostra cassetta degli attrezzi; alcuni strumenti, pur essendo efficaci per altri, non funzionano molto bene con i vostri sintomi. Questo è perfettamente normale.

Per le persone che possono intervenire con successo sui loro sintomi, i farmaci aiutano a migliorare l'attenzione e la concentrazione. Altri sintomi, come la dimenticanza, la procrastinazione, la scarsa gestione del tempo e la disorganizzazione, non vengono aiutati dai farmaci. Poiché si tratta di sintomi molto rilevanti per le persone affette da ADHD, sono necessari altri "strumenti" per migliorare questi sintomi. I farmaci funzionano molto bene se associati ad altre opzioni terapeutiche. Potrete godere dei benefici dei farmaci molto meglio se li integrerete con altri trattamenti che affrontano i problemi emotivi e comportamentali e che vi insegnano ad affrontare i problemi in modo adeguato.

Come per tutti gli altri farmaci per tutti gli altri disturbi e malattie, ogni individuo reagisce in modo diverso. Da un lato, si può provare un sollievo minimo o nullo, mentre un'altra persona affetta da ADHD sperimenta miglioramenti drastici. Allo stesso modo, gli effetti collaterali dei farmaci per l'ADHD variano da persona a persona. Per alcune persone, gli effetti collaterali dei farmaci superano i benefici. È impossibile dire come un individuo risponderà ai farmaci, quindi preparatevi a trascorrere un periodo di "prova" per trovare il farmaco e la dose giusti per voi. È anche possibile che la vostra storia clinica limiti le opzioni terapeutiche. Il medico chiederà informazioni sulla sua storia clinica per farsi un'idea di quali farmaci funzioneranno meglio per lei e quali potrebbero rappresentare un rischio per la sua salute.

Alcuni farmaci che possono essere prescritti includono:

Stimolanti

Gli stimolanti sono i farmaci più comunemente prescritti per l'ADHD. In genere sono i primi farmaci utilizzati per il trattamento dell'ADHD. Il medico vi prescriverà probabilmente uno stimolante del sistema nervoso centrale (SNC), che agisce aumentando la quantità di noradrenalina e dopamina nel cervello. La noradrenalina e la dopamina sono ormoni e neurotrasmettitori. I neurotrasmettitori trasportano le informazioni tra i neuroni del sistema nervoso centrale. Aumentando la quantità di dopamina e norepinefrina, il sistema nervoso centrale è in grado di trasportare più informazioni di quante ne potesse trasportare in precedenza. Di conseguenza, la concentrazione migliora e la stanchezza (causata dal tentativo di concentrarsi) si riduce.

Esistono molte versioni generiche degli stimolanti, quindi non dovete preoccu-
parvi dei costi elevati. Alcuni stimolanti, tuttavia, sono disponibili solo in versioni
di marca più costose.

Gli stimolanti comportano in genere alcuni effetti collaterali negativi, tra cui
soppressione dell'appetito, perdita di peso, disturbi del sonno, dolori addominali
e mal di testa. Altri effetti collaterali possono essere ansia, secchezza delle fauci,
vertigini, dispepsia, irritabilità emotiva, affaticamento, nausea, febbre, vomito e
nervosismo.

In caso di sovradosaggio di stimolanti, i livelli diventano tossici, causando un'ec-
citazione da stimolante che può portare a ictus, infarto, convulsioni o persino a un surriscaldamento fatale. Si possono avere anche effetti collaterali gravi,
che comprendono dipendenza da stimolanti, infezioni, gravi reazioni allergiche,
tachicardia, episodi psicotici, rabdomiolisi, cardiomiopatia, erezioni prolungate,
sindrome di Stevens-Johnson e necrolisi epidermica tossica.

Gli stimolanti comunemente prescritti includono i seguenti:

Metamfetamine (Desoxyn)

Le metamfetamine agiscono stimolando il sistema nervoso centrale. Gli scienziati
sono ancora perplessi su come funzionino per aiutare a migliorare i sintomi
dell'ADHD. Si sa però che aumentano la quantità di ormoni come la dopamina
e la norepinefrina nel cervello.

Le metamfetamine si presentano sotto forma di compresse orali da assumere una
o due volte al giorno.

Metilfenidato

I metilfenidati bloccano la ricaptazione della noradrenalina e della dopamina nel cervello, contribuendo ad aumentare i livelli di questi ormoni. Come stimolante, è disponibile in forme orali a rilascio immediato, a rilascio prolungato e a rilascio controllato. È disponibile anche sotto forma di cerotto transdermico, con il nome commerciale Daytrana. I metilfenidati possono essere disponibili in versioni generiche o in versioni di marca più costose. Alcune delle versioni di marca disponibili sono:

- Aptensio XR (versione generica disponibile)

- Metadate ER (versione generica disponibile)

- Concerta (versione generica disponibile)

- Daytrana

- Ritalin (versione generica disponibile)

- Ritalin LA (versione generica disponibile)

- Methylin (versione generica disponibile)

- QuilliChew

- Quillivant

È possibile che vi venga prescritto anche il Dexmetilfenidato, un altro stimolante che migliora i sintomi dell'ADHD. Il dexmetilfenidato, come suggerisce il nome, è simile al metilfenidato. È disponibile con il nome commerciale Focalin.

Anfetamine

Esistono diverse anfetamine, tra cui:

- Anfetamina: L'anfetamina non è disponibile come versione generica. È disponibile nei nomi di marca Evekeo e Adzenys XR-ODT. Sono disponibili sotto forma di compresse orali, compresse a rilascio prolungato che si disintegrano per via orale e liquido orale a rilascio prolungato.

- Destroamfetamina: La destroamfetamina è disponibile in compresse orali, capsule orali a rilascio prolungato e soluzioni orali. È un farmaco generico senza una versione di marca.

- Lisdexamfetamina: La lisdexamfetamina è disponibile sotto forma di capsule orali e compresse orali masticabili. È disponibile solo come farmaco di marca, Vyvanse.

Le anfetamine sono disponibili sia in forma a rilascio immediato, per essere rilasciate subito nell'organismo, sia in forma orale a rilascio prolungato, per essere rilasciate lentamente nell'organismo. Sono disponibili come farmaci di marca e generici. I nomi di marca di questi farmaci includono:

- Adderall XR

- Dexedrina

- Dyanavel XR

- Evekeo

- ProCentra

- Vyvanse

Gli stimolanti possono essere molto efficaci per mantenere i pensieri organizzati e aiutare a prestare attenzione e a rimanere concentrati. Purtroppo, molte persone diventano facilmente dipendenti dall'effetto del farmaco sul cervello, causando gravi problemi.

Se si vogliono evitare gli effetti collaterali negativi degli stimolanti, in particolare la dipendenza, è possibile chiedere al proprio psichiatra informazioni sui non stimolanti.

Non stimolanti

I non stimolanti agiscono sul cervello in modo diverso rispetto agli stimolanti. Anche se i non stimolanti agiscono sui neurotrasmettitori, non lo fanno aumentando i livelli di dopamina. Agiscono più lentamente, per cui i risultati non sono immediati. Piuttosto, ci vuole più tempo per vedere i risultati di questi farmaci.

Se gli stimolanti non sono efficaci o non sono sicuri per il paziente, il medico gli prescriverà dei non stimolanti. I diversi non stimolanti comprendono:

Atomoxetina (Straterra)

A differenza degli stimolanti, che rilasciano una maggiore quantità di noradrenalina nel cervello, l'atomoxetina (Strattera) blocca la ricaptazione della noradrenalina nel sistema nervoso. Ciò consente alla norepinefrina di agire più a lungo.

Si tratta di una forma orale da assumere una o due volte al giorno ed è disponibile anche come marchio generico.

L'atomoxetina ha causato danni al fegato in alcuni utenti. Durante l'assunzione di atomoxetina è necessario prestare attenzione ai segni di problemi epatici. Il medico controllerà regolarmente la funzionalità epatica durante l'assunzione di questo farmaco.

I segni di problemi al fegato a cui prestare attenzione sono:

- Addome gonfio o tenero.

- Ittero (ingiallimento della pelle o degli occhi).

- Stanchezza.

Guanfacina ER (Intuniv)

La guanfacina viene tipicamente prescritta per l'ipertensione arteriosa negli adulti, ma spesso viene prescritta anche per l'ADHD negli adulti. È stato dimostrato che aiuta alcuni adulti a risolvere problemi di memoria e di comportamento, aggressività e iperattività.

È disponibile come versione generica e come versione a rilascio prolungato chiamata Guanfacina ER (Intuniv).

Clonidina ER (Kapvay)

La clonidina ER (Kapvay) riduce l'impulsività, l'iperattività e la distraibilità negli adulti con ADHD. Come la guanfacina, esistono altre forme di clonidina utilizzate per il trattamento dell'ipertensione arteriosa negli adulti. Poiché abbassa la pressione sanguigna, l'assunzione può provocare una sensazione di stordimento. La clonidina ER (Kapvay) è disponibile come marchio generico.

I non stimolanti raramente causano agitazione, insonnia, affaticamento o soppressione dell'appetito. Questo perché hanno un effetto più duraturo e più "stabile" rispetto alla maggior parte degli stimolanti. Gli stimolanti hanno in genere un effetto che si esaurisce bruscamente. Di conseguenza, i non stimolanti non presentano lo stesso rischio di abuso o dipendenza. Esistono tuttavia effetti collaterali causati dai non stimolanti.

La clonidina (Kapvay) e la guanfacina (Intuniv) possono talvolta causare mal di testa, sonnolenza, affaticamento, sedazione e vertigini. Prestare attenzione all'uso di clonidina (Kapvay) e guanfacina (Intuniv) se si guida o si utilizzano macchinari pesanti, perché causano sonnolenza. L'atomoxetina può causare perdita di appetito, perdita di peso, affaticamento, nausea, sbalzi d'umore e mal di stomaco. Anche se raramente, l'atomoxetina può causare ittero e problemi epatici, pensieri suicidi, erezioni di lunga durata e gravi reazioni allergiche. In rare occasioni può causare abbassamento della pressione sanguigna e alterazioni del ritmo cardiaco.

Insieme al vostro medico dovete monitorare gli effetti collaterali di tutti i farmaci che assumete per l'ADHD. Se i farmaci per l'ADHD non vengono attentamente monitorati, la loro efficacia diminuisce e possono addirittura diventare rischiosi e fatali.

Il trattamento per l'ADHD non deve necessariamente assumere la forma di farmaci. Qualsiasi azione intrapresa per gestire o ridurre i sintomi è una forma di trattamento. Naturalmente, avrete sempre bisogno di un aiuto professionale lungo il percorso, ad esempio, se scegliete la terapia, avrete bisogno di un aiuto psichiatrico professionale. Tuttavia, avete ancora un ampio margine di manovra nella scelta dei tipi di trattamento che volete provare. Ricordate che volete costruire una vita a misura di ADHD e che i farmaci sono solo una parte di questa nuova vita. I capitoli 5 e 6 vi insegneranno i diversi modi in cui potete trattare l'ADHD oltre ai farmaci.

Riassunto del capitolo

- Dopo la diagnosi di ADHD, il passo successivo per la sua gestione è la ricerca di un trattamento medico.

- Il trattamento vi aiuterà a fermare i sintomi dannosi dell'ADHD.

- Ogni forma di trattamento per l'ADHD è un tipo diverso di strumento per costruire una vita ADHD-friendly specifica per voi.

- Gli stimolanti sono i farmaci più comunemente prescritti per l'ADHD.

- Siate pronti a trascorrere un periodo di "prova" per trovare il farmaco per l'ADHD che fa per voi.

- I non stimolanti agiscono sul cervello in modo diverso rispetto agli stimolanti.

CAPITOLO 5: QUANTO PUÒ ESSERE GESTITA L'ADHD NEGLI ADULTI?

L'ADHD dell'adulto può rendere la vita molto difficile se non viene trattata. Infatti, l'ADHD è stato collegato a:

- Disoccupazione (o inoccupazione).

- Scarso rendimento scolastico (universitario) o lavorativo.

- Abuso di alcol e sostanze.

- Scarsa immagine di sé.

- Tentativi di suicidio.

- Relazioni instabili e insoddisfacenti.

- Problemi finanziari.

- Problemi con la legge.

- Frequenti incidenti d'auto o altri incidenti.

- Scarsa salute fisica e mentale.

Come si può notare dall'elenco sopra riportato, l'ADHD può condurre in luoghi molto oscuri e sgradevoli della vita, se non viene gestita. Per esempio, avere a che fare con una scarsa immagine di sé può portare ad altri disturbi mentali e dell'umore più gravi, come la depressione e un'autostima estremamente bassa.

Chi soffre di ADHD può comunque autoregolarsi quando i comportamenti, i pensieri e le emozioni negative minacciano di sopraffare voi e gli altri intorno a voi. Con l'autoregolazione si possono tenere sotto controllo i comportamenti più autodistruttivi. Alcuni buoni modi per autoregolarsi sono

Per Focus

- Prendete appunti facilmente accessibili durante le riunioni e le lezioni. Ad esempio, potete prendere appunti scritti a mano o registrare tutti i vostri appunti. In seguito, potrete completare i dettagli prima di dimenticarli.

- Fate delle brevi pause per evitare di annoiarvi. È più facile concentrarsi sui compiti per periodi più lunghi quando non ci si annoia. Per migliorare la salute del cervello, si possono fare degli esercizi di stretching, preparare un pasto sano o fare un po' di esercizio fisico.

- Dividete i compiti più grandi in compiti più piccoli e gestibili che richiedono meno tempo. Premiatevi dopo aver completato ogni compito. Ad esempio, un piccolo dolce dopo ogni compito.

Per le distrazioni

- Lavorate in aree dove ci sono meno distrazioni. Se siete al lavoro o in biblioteca, chiedete un'area di lavoro o di studio privata, dove ci siano poche distrazioni o rumori.

- Riservate un orario prestabilito durante la giornata per rispondere alle telefonate e alle e-mail. Lasciate che le chiamate passino alla segreteria telefonica fino all'ora stabilita. In questo modo, non sarete distratti dal rispondere alle chiamate o dal rispondere alle telefonate nel corso della giornata.

- Usate le cuffie per eliminare il rumore dell'ufficio. Si può mettere della musica soft per mantenere la concentrazione.

Per l'organizzazione

- Automatizzate tutti i pagamenti online delle bollette. In questo modo non ci si dimentica di pagarle.

- Tenete un quaderno e scriveteci le vostre attività da fare. Se avete uno smartphone, tenete un elenco di cose da fare sul vostro smartphone. Aggiornate sempre l'elenco delle cose da fare immediatamente dopo aver completato un compito.

- Inserite gli appuntamenti sul vostro telefono e impostate dei promemoria con allarme prima dell'evento. Se avete un'agenda cartacea, segnate le scadenze sui calendari come strumento di promemoria visibile. Potete anche utilizzare agende giornaliere o organizzatori di attività online che vi aiuteranno a tenere traccia di compiti ed eventi.

- Completate i compiti importanti prima di passare a quello successivo. Fate pause regolari durante il completamento di compiti importanti per mantenere la concentrazione.

- Iniziate la giornata con una pratica di mindfulness e un rapido stretching per liberare e rinfrescare la mente. Dedicate poi 20 minuti all'organizzazione dei vostri compiti per la giornata.

- Per evitare di perdere gli oggetti importanti, designate aree specifiche in cui riporre determinati oggetti importanti, come chiavi e portafogli. Riponete gli oggetti in questi punti designati in modo da non perdere nulla. Cercare di ritrovare gli oggetti smarriti può disorientare ulteriormente quando si cerca di seguire una routine prestabilita.

- Tenete dei foglietti adesivi in giro per casa e nel vostro spazio di lavoro per annotare le note importanti. Posizionateli in punti ben visibili, come ad esempio sulla porta del frigorifero.

- Se si utilizza un sistema di archiviazione al lavoro o a casa, etichettare tutto e suddividere per colore le cartelle o le schede.

Esercizio fisico

L'esercizio fisico regolare è un ottimo modo per gestire i sintomi dell'ADHD. L'esercizio fisico rilascia naturalmente dopamina e noradrenalina, i due neurotrasmettitori che i farmaci stimolanti aiutano a produrre nei pazienti con ADHD adulti.

L'esercizio fisico regolare aumenta l'umore, la memoria, la concentrazione, l'attenzione e la motivazione. Oltre ai livelli di dopamina e noradrenalina, l'esercizio fisico aumenta i livelli di serotonina. L'aumento di tutti e tre i neurotrasmettitori migliora la concentrazione e l'attenzione. L'esercizio fisico regolare ha effetti simili a quelli dei farmaci, senza gli effetti collaterali. Per esempio, la ricerca ha dimostrato che l'esercizio fisico regolare è altrettanto efficace dei farmaci prescritti per alleviare la depressione lieve. Allo stesso modo, bruciando energia extra attraverso l'esercizio fisico regolare, è possibile ridurre i livelli di impulsività.

Una combinazione di esercizio fisico regolare e farmaci vi aiuterà a ridurre in modo significativo i sintomi negativi dell'ADHD, quindi cercate di fare esercizio almeno 4-5 volte alla settimana. Non è necessario andare in palestra per fare esercizio. Una semplice passeggiata di 30 minuti apporterà notevoli benefici al vostro corpo e al sistema nervoso centrale. Se potete fare esercizi più impegnativi per il cuore, come una corsa veloce o dei burpees, anche questo vi aiuterà. Tuttavia, scegliete sempre un esercizio che vi piaccia, in modo che l'esercizio non diventi un lavoro di routine.

Infine, potreste incorporare un po' di terapia orticola nel vostro esercizio. La terapia orticola consiste nell'uso di piante o di attività basate sulle piante per sentirsi bene. In questo caso, significa fare una passeggiata nel parco o nel bosco o praticare yoga all'aperto. Parleremo ulteriormente della terapia orticola nel Capitolo 6.

Dormire

Per noi esseri umani dormire è importante quanto il cibo, l'acqua e l'aria. Ognuno di noi ne trae beneficio. Quando si soffre di ADHD, un sonno di scarsa qualità spesso peggiora i sintomi. È necessario riposare bene ogni notte. Migliorando la qualità e la quantità del sonno è probabile che si migliorino l'attenzione, la concentrazione e l'umore.

Per dormire meglio, praticate lo yoga e la meditazione un'ora prima di andare a letto ogni giorno (si veda il Capitolo 6 per una discussione sulla meditazione e lo yoga come strategia di auto-aiuto). Questo vi aiuterà anche a rispettare un orario stabilito per andare a letto ogni giorno. Creando questa routine, vi verrà naturale prendere sonno ogni sera alla stessa ora. Dormite sempre in una stanza completamente buia ed evitate la caffeina nelle ore pomeridiane e notturne.

Uno degli effetti collaterali dei farmaci potrebbe essere la difficoltà a prendere o mantenere il sonno. Se provate i metodi sopra descritti e avete ancora difficoltà, parlate con il vostro medico delle vostre preoccupazioni.

Mangiare sano

L'alimentazione alimenta il nostro corpo fino alle cellule. Se si mangia sano, si favorisce la formazione di cellule e tessuti sani, mantenendo in salute l'intero organismo. Mangiando sano, si favoriscono anche le funzioni corporee.

Per le persone affette da ADHD, è stato dimostrato che alcuni alimenti possono ridurre i sintomi negativi dell'ADHD. Mangiare molte proteine è utile per gli adulti con ADHD perché le proteine sono ricche di aminoacidi che aiutano a creare i neurotrasmettitori. Mangiate molto pollame, latticini, uova, pesce, fagioli e noci. Assicuratevi di aggiungere alla vostra dieta anche zinco, magnesio e ferro in abbondanza. Queste vitamine e minerali sono presenti in carni magre, pollame, frutti di mare, soia, noci e cereali arricchiti. Allo stesso modo, è necessario introdurre nella dieta acidi grassi omega-3 e vitamine del gruppo B in abbondanza. Migliorano la vigilanza e riducono i sintomi dell'ADHD. Per questo motivo è necessario assumere in abbondanza avocado, salmone, olio d'oliva, zucca invernale, semi di lino e verdure a foglia verde. È inoltre necessario consumare in abbondanza uova, latte, fegato (e altre carni di organi), yogurt e legumi. Il ginseng e il ginkgo sono noti come "attivatori cognitivi". Agiscono come stimolanti senza gli effetti collaterali dei farmaci. Inoltre, riducono l'impulsività e aumentano la concentrazione.

Evitate assolutamente i cibi elaborati e ricchi di zuccheri e la caffeina. Non fanno altro che aumentare l'iperattività, causando irrequietezza. Per lo stesso motivo, dovreste evitare anche i coloranti e i conservanti artificiali.

Le abitudini alimentari di un adulto con ADHD possono rispecchiare il suo comportamento generale. Per esempio, si può essere impulsivi e iperattivi nel mangiare, a volte senza mangiare per molte ore e poi abbuffarsi di qualsiasi cibo si veda intorno. Per gestire l'ADHD, è necessario pianificare e preparare con cura i pasti per assicurarsi di assumere il maggior numero possibile di sostanze nutritive utili per l'ADHD. Se si muore di fame per poi abbuffarsi di cibi poco sani, si peggiorano i sintomi dell'ADHD e la propria salute emotiva e fisica. È meglio pianificare i pasti come si pianificano le altre attività della vita. In questo modo sarete sicuri di assumere molti nutrienti a intervalli regolari.

Riassunto del capitolo

- Se non viene curata, l'ADHD può rendere la vita molto difficile.

- L'ADHD, se non gestita o non trattata, può danneggiare in modo significativo anche le persone che ci circondano e causare loro gravi problemi.

- L'esercizio fisico regolare è un ottimo modo per gestire i sintomi dell'ADHD.

- L'esercizio fisico regolare aumenta l'umore, la memoria, la concentrazione, l'attenzione e la motivazione.

- Per dormire meglio, praticate yoga e meditazione un'ora prima di andare a letto ogni giorno.

- È stato dimostrato che alcuni alimenti riducono i sintomi negativi dell'ADHD.

CAPITOLO 6: STRATEGIE DI AUTO-AIUTO E ALTERNATIVE PER LA GESTIONE DELL'ADHD NEGLI ADULTI

Oltre ai trattamenti medici, è possibile beneficiare di strategie di auto-aiuto e alternative per gestire l'ADHD dell'adulto.

Terapia orticola/giardinaggio

È stato scientificamente dimostrato che il giardinaggio e la terapia orticola aumentano la concentrazione, calmano la mente e migliorano la salute emotiva, fisica e mentale.

Se non potete avere un giardino, magari per problemi di spazio o di mobilità, potete piantare alcune colture in giro per casa, in appendini e vasi collocati su davanzali e tavoli. In questo modo si otterranno comunque gli stessi effetti del giardinaggio. Ricordate che la terapia orticola non significa solo coltivare e curare le piante. Significa anche stare in mezzo alle piante, agli animali e alla natura.

Visitare una fattoria o sedersi sulla spiaggia vicino agli alberi per ascoltare la brezza dell'oceano produrrà lo stesso effetto calmante.

Meditazione Mindfulness e Yoga

È stato dimostrato che la meditazione mindfulness regolare e gli esercizi che promuovono la consapevolezza e il rilassamento, come lo yoga, aiutano a liberare la mente da inutili impegni, stress e iperattività. Queste tecniche aiutano ad attivare la naturale risposta di rilassamento del corpo e a invertire l'effetto dello stress che l'ADHD può avere su di noi. Allo stesso modo, riducono i sintomi di ansia e depressione.

Anche altre forme di esercizio fisico e di stretching che consentono la consapevolezza e il rilassamento, come il tai chi e l'esercizio ritmico come la danza, la corsa e il nuoto, sono altrettanto benefiche. Infine, è possibile praticare regolarmente l'automassaggio per innescare la risposta di rilassamento del corpo. Le strategie di auto-aiuto, benché efficaci, funzionano meglio se abbinate ai farmaci, quindi non affidatevi alle sole tecniche di gestione dell'ADHD come trattamento.

Terapia

È possibile rivolgersi a uno psicologo specializzato in ADHD per una terapia e una terapia cognitivo-comportamentale. La terapia cognitivo-comportamentale è una terapia che cerca di modificare gli schemi cognitivi, emotivi e comportamentali per migliorare la salute e rendere la vita più felice. I professionisti della salute mentale sono altamente qualificati per aiutarvi ad apprendere nuove abilità che vi aiutino a gestire i vostri sintomi e a cambiare le abitudini che vi causano problemi.

Gli adulti con ADHD spesso lottano con problemi emotivi e psicologici e con il dolore causato dai loro sintomi. Per esempio, sono comuni tra le persone con ADHD le difficoltà accademiche e di carriera, i fallimenti, l'elevato turnover lavorativo e i conflitti relazionali. Questi problemi possono causare bassa autostima, vergogna, risentimento e un senso di "indegnità" sviluppato dopo anni di critiche da parte dei propri cari. Una terapia può aiutarvi a parlare di questo dolore e ad apprendere strategie alternative per affrontarlo. Potete anche rivolgervi a una consulenza e terapia matrimoniale e familiare se l'ADHD sta causando problemi significativi nel vostro matrimonio e/o nelle vostre relazioni familiari.

Organizzatori professionisti

Se l'ADHD vi fa perdere delle occasioni di vita a causa della vostra disorganizzazione, potete affidarvi a un organizzatore professionista che vi aiuti a gestire quest'area della vostra vita. Un organizzatore professionista vi aiuterà a sviluppare un sistema organizzativo efficiente sia a casa (e nella vostra vita privata) che sul posto di lavoro. Inoltre, vi insegnerà a gestire il vostro tempo e a organizzare la vostra vita in modo efficiente utilizzando metodi adatti all'ADHD.

Riassunto del capitolo

- È stato scientificamente dimostrato che il giardinaggio e la terapia orticola migliorano i sintomi dell'ADHD.

- La meditazione mindfulness e gli esercizi che promuovono la consapevolezza sono utili per migliorare i sintomi dell'ADHD.

- Potete rivolgervi a uno psicologo specializzato in ADHD per una terapia e una terapia cognitivo-comportamentale che vi aiuterà a parlare di come l'ADHD influisce sulla vostra vita e vi aiuterà a sviluppare strategie per aiutarvi a gestire i sintomi.

PAROLE FINALI

Congratulazioni! Ce l'avete fatta! Leggendo questo libro avete fatto un primo grande passo verso la guarigione per tutta la vita.

Sebbene possa essere una sfida avere l'ADHD negli adulti, ora avete qualche informazione in più su come viene diagnosticata l'ADHD e su quali metodi di trattamento potreste voler seguire. Ora dovreste avere una solida conoscenza delle opzioni terapeutiche disponibili (sia mediche che tradizionali) e sentirvi ben informati su come l'ADHD può essere gestito negli adulti. Infine, ora siete armati di strategie alternative e di auto-aiuto per la gestione dell'ADHD, comprese le informazioni chiave sulla psicologia nutrizionale e su come la dieta può ridurre naturalmente i sintomi.

Ricordate di consultare sempre un professionista per ricevere una diagnosi ufficiale prima di iniziare qualsiasi piano di trattamento. Ricordate inoltre che avere l'ADHD non è una cosa negativa: significa solo che il vostro cervello è cablato in modo un po' diverso dalla maggior parte degli altri. Infine, grazie per aver dedicato del tempo alla lettura di questo libro. Spero che abbia risposto ad alcune domande e che vi abbia chiarito il percorso da seguire!